Protect the Owl!

Have you ever met a scops owl or a night owl? Have you ever heard their unique cry that spreads in the dark of night?

I observe pine owls that come from far-southern countries every May in a small forest near my house.

Among the 200 species of owls in the world, the biggest one is the eagle owl. My wish was to meet this friend, and a bird researcher who didn't quite have the same intentions made it come true for me.

The researcher led me to the front of a rock wall a little away from the city center of Paju, Gyeonggi-do. I thought I'd go at night. Instead, I went in broad daylight. The researcher put together a scope and focused it.

"Wow, it was an eagle owl! Oh, what feathers!"

I've been to the zoo many times, but this was the first time I saw a wild eagle owl. The researcher explained, "This is a male, and we're keeping a lookout to protect the female that's nursing the eggs close by."

I still remember saying, "Oh, I didn't know that their feathers were like this." (I'll tell you in detail in Chapter 5).

You probably have an image that owls live in deep forests, right? Surprisingly, these friends are in grasslands, agricultural land, around houses, and golf courses near the city center. We live close together with owls.

If you really want to meet an eagle owl like me, you can meet him whenever you want.

This year, a pine owl visited a small forest near the researcher's house. But I wish it can find it's own home.' I'm very worried.

Many owls need tree holes or cracks in rocks to lay eggs and raise their young. The reality is that their "homes" keep decreasing. Whenever I go to Paju, I worry about the cracks in the rock of the eagle owl's home that I met that day.

Humans have lived with owls for a long time, and we considered them once "lions of the goddess," and "lions of the witch." That's they're considered a 'symbol of wisdom'.

This book is a book that examines the cultural history and ecology about living together with owls. Let's go meet a friend!

올빼미와 부엉이를 지켜 줘!

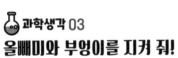

과학생각 03

올빼미와 부엉이를 지켜 줘!

Protect the Owl!

1판 1쇄 | 2022년 7월 18일

글 | 김황
그림 | 끌레몽

펴낸이 | 박현진
펴낸곳 | (주)풀과바람
주소 | 경기도 파주시 회동길 329(서패동, 파주출판도시)
전화 | 031) 955-9655~6
팩스 | 031) 955-9657
출판등록 | 2000년 4월 24일 제20-328호
블로그 | blog.naver.com/grassandwind
이메일 | grassandwind@hanmail.net

편집 | 스튜디오 플롯
디자인 | 박기준
마케팅 | 이승민

값 13,000원
ISBN 978-89-8389-065-8 73490

※잘못 만들어진 책은 구입처에서 바꾸어 드립니다.

제품명 올빼미와 부엉이를 지켜 줘!	**제조자명** (주)풀과바람	**제조국명** 대한민국	⚠ **주의**
전화번호 031)955-9655~6	**주소** 경기도 파주시 회동길 329		어린이가 책 모서리에
제조년월 2022년 7월 18일	**사용 연령** 8세 이상		다치지 않게 주의하세요.
KC마크는 이 제품이 공통안전기준에 적합하였음을 의미합니다.			

올빼미와 부엉이를 지켜 줘!

김황 글 · 끌레몽 그림

풀과바람

머리글

여러분은 올빼미나 부엉이를 만나 본 적이 있나요? 또는 캄캄한 야밤에 울려 퍼지는 그 독특한 울음소리를 들어 본 적이 있나요?

저는 매해 5월이면 멀리 남쪽 나라에서 찾아오는 솔부엉이를 집 근처의 작은 숲에서 관찰하고 있어요.

전 세계 약 200종의 올빼미와 부엉이 가운데 가장 커다란 몸집을 가진 건 수리부엉이예요. 저는 이 친구를 만나는 게 소망이었는데, 그걸 알게 된 어느 조류 연구가가 그 소망을 이루어 주었어요.

연구가는 경기도 파주의 도심에서 조금 떨어진 어느 암벽 앞으로 저를 데려갔어요. 밤에 갈 줄 알았는데 대낮에 갔어요. 연구가가 손에 잘 익은 솜씨로 탁탁, 카메라 렌즈를 조립하고는 초점을 맞추어 나에게 수리부엉이를 관찰하라고 했어요.

"우아, 수리부엉이다! 진짜 멋진 깃털을 지녔구나!"

동물원에서 수리부엉이를 여러 번 보았지만, 야생 수리부엉이를 본 건 이때가 처음이었지요. "근처에서 알을 품는 암컷을 지키기 위해 망을 보는 수컷 수리부엉이입니다." 하고 전문가가 알려 주었어요.

"와, 수리부엉이의 깃털 색이 왜 자연과 잘 어우러지는지 알 것 같아요 (이에 대한 자세한 이야기는 5장에서 이야기할게요)!" 하고 감탄했던 게 아직도 생생해요.

　여러분은 아마 올빼미와 부엉이가 깊은 숲속에 살고 있다고 생각할 거예요. 하지만 의외로 이들은 도심 근처의 초원이나 농경지, 주택가 주변, 골프장 등에 서식하고 있어요. 저처럼 꼭 만나고 싶다는 마음만 가지고 있으면 얼마든지 만날 수 있지요.

　올해도 우리 집 근처의 작은 숲에 솔부엉이가 찾아왔어요. 하지만 기쁨보다는 '둥지를 틀 수 있으면 좋을 텐데……' 하는 걱정이 커요.

　대부분 올빼미와 부엉이는 알을 낳아 새끼를 키우는데 나무 구멍이나 바위틈이 꼭 필요해요. 하지만 무분별한 개발로 인해 이들의 보금자리가 계속 줄어들고 있는 게 슬픈 현실이에요. 출판사 일로 파주를 오갈 때마다 그날 만났던 수리부엉이가 떠올라 다시 걱정이 앞서지요.

　우리는 아득히 먼 옛날부터 올빼미, 부엉이와 더불어 살아왔어요. 우리는 이들을 한때 '여신의 심부름꾼'으로, 한때 '마녀의 심부름꾼'으로 여겼어요. 지금은 '지혜의 상징'으로 여기고 있지요.

　이 책은 올빼미와 부엉이의 문화사와 생태를 동시에 알아보는 책이에요. 자 그럼, 이들을 만나러 지금 당장 떠나 볼까요?

김황

차례

01 더불어 살아온 벗

네 이름은 아테나야!

'백의의 천사' 나이팅게일의 올빼미

영국의 간호사 '나이팅게일'을 알고 있나요? 우리가 흔히 간호사를 '백의의 천사'라고 부르는 건 플로렌스 나이팅게일(1820~1910년)을 부르는 것에서부터 비롯되었어요.

나이팅게일이 등장하기 전까지 사람들은 간호사라는 직업을 그저 병원에서 환자를 돌보는 '하인' 정도로 생각했어요. 또 당시의 간호사는 전문지식도 필요 없는 직업이었지요. 나이팅게일이 간호사의 인식을 바꾼 덕분에 이 직업이 보람 있고 가치 있게 변했어요. 그래서 그녀를 '근대 간호 교육의 어머니'라고도 불러요.

  1850년, 나이팅게일은 그리스의 수도 아테네에 있는 '파르테논 신전'을 방문했어요. 바로 그때 새끼 새 한 마리가 둥지에서 떨어져 아이들에게 괴롭힘당하는 걸 목격했어요.

  "어머, 아기 새를 괴롭히지 말고 놓아줘!"

  나이팅게일은 상처를 입은 이 금눈쇠올빼미 새끼를 정성껏 치료해 주었어요. 그리고 '아테나'라는 멋진 이름까지 지어 주었어요.

  나이팅게일과 함께 영국으로 간 아테나는 그녀의 가장 친근한 벗이 되었어요. 그녀의 손 위에서 먹이를 먹기도 하고 그녀가 외출할 때면 호주머니에 들어가 함께 다니기도 했지요.

  아테나는 낯선 사람이 나이팅게일에게 가까이 다가오면 날카로운 부리로 공격하기도 했어요. 그리고 그녀의 마스코트가 될 만큼 유명해졌지요.

그러던 1854년, 나이팅게일은 간호 부대를 이끄는 대장으로 '크림 전쟁 (1853~1856년)'에 나가게 되었어요. 이 때문에 정신없이 바쁜 나날을 보내자 가족이 대신해서 아테나를 돌보게 되었지요.

나이팅게일의 가족은 아테나를 외양간에 놓아두면 스스로 쥐를 잡아먹을 거라고 생각했어요. 하지만 아테나는 사람에게 길들여져 사냥하는 방법을 몰랐어요. 누군가 먹이를 주기만을 가만히 기다리다가 그만 죽어 버리고 말았지요.

"어떻게 이런 일이……."

친근한 벗의 죽음을 갑자기 맞닥뜨리게 된 나이팅게일은 충격에 빠져 전쟁터로 떠나는 걸 이틀이나 미뤘어요.

　　그녀는 런던의 유명한 박제사에게 아테나를 박제해 달라고 부탁하고 전
쟁터로 떠났고, 아테나는 마치 살아 있는 듯한 모습으로 집에 돌아왔어요.

　　크림 전쟁에서 맹활약한 나이팅게일은 영웅이 되었고, 이후 그 명성은
세계에 널리 알려졌어요. 나이팅게일은 1910년, 생을 마칠 때까지 박제된
아테나와 함께 지냈어요.

　　현재 아테나는 런던의 세인트 토마스 병원에 있는 '나이팅게일 박물관'
에 전시되어 그녀의 업적을 배우려고 찾아오는 사람들을 따뜻하게 맞이
하고 있답니다.

'아테나' 여신의 심부름꾼

나이팅게일이 자신이 구한 올빼미에게 왜 '아테나'라고 이름을 지어 주었는지에 대한 구체적인 자료는 아직 찾아내지 못했어요. 하지만 이 올빼미가 그리스의 파르테논 신전에서 구해졌다는 사실만으로 그 이름이 붙여진 이유를 누구나 쉽게 추측할 수 있어요.

아테나는 고대 그리스 여신의 이름이에요. 고대 유럽에서는 여신을 숭상했어요. 여성은 아이를 낳는 풍요로운 능력을 갖고 있거든요. 그 힘이 점차 풍작을 바라는 마음과 어우러지며 여신을 숭상하게 된 거예요.

그리스의 파르테논 신전에는 아테나 여신이 풍작을 불러오는 '농업의 신'이었다는 걸 증명하는 조각이 남아 있어요. 그리고 아래와 같은 이야기도 전해지고 있어요.

"옛날, 바다의 신 포세이돈과 아테나가 '아테나이'를 지배하려고 다투다 그곳 사람들에게 결정을 맡겼다. 포세이돈은 사람들의 환심을 사기 위해 바닷물을 선물로 주었고, 아테나는 올리브 나무를 선물로 주었다. 아테나이 사람들은 올리브야말로 국가를 번영시키는 데 도움이 되리라 생각하여 아테나를 수호신으로 선택했다."

이 이야기에 등장하는 '아테나이'는 그리스의 수도 '아테네'의 옛 이름이며, 당시에는 작은 도시 국가였어요.

수호신의 힘일까요? 향후 아테나이는 큰 도시 국가로 발전하여 그리스의 정치, 경제, 문화 등의 중심지가 되었어요.

사람들은 아테나 여신의 심부름꾼으로 올빼미를 붙여 주었어요. 그래서 아테나 여신 옆에는 늘 올빼미가 함께 있지요.

밤이 되면 심부름꾼인 올빼미가 도시에서 여러 정보를 모아 아테나 여신에게 보고했다는 전설도 남아 있어요.

올빼미와 부엉이는 농작물을 해치는 쥐나 두더지 같은 동물을 잡아먹는 고마운 새예요. 농업의 신이었던 아테나의 심부름꾼으로 딱 어울리는 동물이지요.

이후 아테나 여신은 나라를 지키는 '전쟁의 신'과 '지혜의 신'으로 변했지만, 올빼미는 아테나 여신의 심부름꾼으로 계속 그 곁을 지키고 있지요.

옛날 아테나이에서 사용한 동전의 앞쪽에는 아테나 여신, 뒤쪽에는 나이팅게일이 사랑했던 금눈쇠올빼미가 그려져 있었어요.

그리고 긴 시간이 흘러 지금은 그리스에서 유럽 공통 통화인 '유로'를 사용해요. 그런데 이 동전에도 역시 올빼미가 그려져 있어요.

나이팅게일이 올빼미에게 '아테나'라는 이름을 붙였던 이유, 이제 여러분도 알겠지요?

3만 년 전의 부엉이

우리는 아득히 먼 옛날부터 올빼미, 부엉이와 더불어 살아왔어요. 가장 오래된 부엉이 그림은 동굴에 남아 있는데, 그건 비교적 최근에 발견되었어요.

1994년, 세 명의 동굴 탐험가가 프랑스 남부의 지하 동굴에서 이제껏 숨겨져 있던 입구를 발견했어요. 입구를 막고 있던 바위를 치우자 좁은 통로가 나타났어요.

통로를 따라 들어가자 곧 넓은 동굴에 이르렀어요. 벽에는 들소, 사슴,

말, 코뿔소, 매머드 등이 그려져 있었는데, 놀랍게도 동굴 안쪽 깊숙한 곳에 부엉이의 그림도 있었어요.

폭이 넓은, 크고 둥근 머리, 머리 위로 쭈뼛 돋친 두 개의 깃, 날카로운 부리, 열 개 정도의 선으로 표현한 날개 등이 부엉이를 잘 나타내고 있었어요. 하지만 아쉽게도 눈은 희미해져서 알아볼 수 없었지요.

"수리부엉이를 그린 게 틀림없어!"

그림을 본 연구자들이 부엉이라고 확신한 건 뒷모습을 그렸는데도 얼굴이 앞을 바로 보고 있었다는 점 때문이에요. 수리부엉이는 목을 270도나 좌우로 휙휙 돌릴 수 있거든요.

이 동굴은 발견자 이름을 따서 '쇼베 동굴'이라고 부르게 되었어요. 그리고 이 동굴의 그림은 약 3만 년 전에 그려진 것으로 추정돼요. 인류가 발견한 부엉이 그림 중 가장 오래된 셈이에요.

'그리스 동전에 그려진 새는 '올빼미'라고 하고, 쇼베 동굴에 그려진 새는 '부엉이'라고 하네. 올빼미와 부엉이는 다른 건가? 다르다면 어디가 어떻게 다른 거지?'

혹시 이렇게 생각했나요?

쇼베 동굴의 벽화 그림을 잘 보세요. 머리에 귀나 뿔처럼 생긴 것이 있죠? 이건 '귀깃(귓가에 뻗친 깃털)'이라고 해요. 귀깃이 머리에 있으면 '부엉이'예요.

부엉이 vs 올빼미

큰소쩍새

아메리카수리부엉이

칡부엉이

아메리카올빼미

큰회색올빼미

나이팅게일의 벗이었고 아테나이의 동전에 그려진 금눈쇠올빼미 그림을 잘 보면 머리에 귀깃이 없어요. 이렇게 귀깃이 없으면 '올빼미'예요.

그런데 솔부엉이는 '부엉이'라고 부르는데도 올빼미처럼 귀깃이 없는 둥근 머리예요. 이상하지요? 사실 올빼미와 부엉이를 구별하는 건 애매해요. 아니, 올빼미와 부엉이를 일일이 구별하는 건 우리나라와 일본을 포함한 일부 나라일 뿐, 다른 나라에서는 올빼미도 부엉이도 영어로는 모두 '아울(Owl)'이라 부르며 특별히 구별하지 않아요. 이들은 과학적인 차이가 거의 없지요.

02 세계의 올빼미와 부엉이

수리부엉이

쇠부엉이

수리부엉이

우리나라의 올빼미와 부엉이

혹시 올빼미와 부엉이가 깊은 숲속에만 산다고 생각하나요? 의외로 이들은 우리 가까이에 살아요.

올빼미는 들쥐를 사냥하는 것을 좋아하는데 들쥐는 깊은 숲속보다는 오히려 펼쳐진 초원, 농경지, 주택가, 골프장 등에 많으니까요. 그래서 올빼미는 밤이 되면 들쥐를 사냥하기 위해 마을로 날아와요.

솔부엉이는 곤충이 주식이에요. 도심과 가까운 숲에는 가로등이 설치되어 있는데, 곤충은 빛을 보면 달려드는 습성이 있어요. 솔부엉이는 도심과 가까운 숲의 가로등 주변에서 나방이나 장수풍뎅이 등의 곤충을 쉽게 사냥해요.

어때요? 올빼미와 부엉이가 생각보다 더 우리 가까이 살고 있다는 게 신기하지요?

이들은 밤에는 우리 근처에서 먹이 활동을 하고, 낮에는 숲에서 사람이나 천적으로부터 몸을 숨기고 잠을 자요.

우리나라에서 확인된 올빼미와 부엉이는 🦉올빼미, 긴점박이올빼미, 긴꼬리올빼미, 흰올빼미, 금눈쇠올빼미, 🦉수리부엉이, 🦉칡부엉이, 🦉쇠부엉이, 🦉솔부엉이, 🦉소쩍새, 🦉큰소쩍새 등 11종이에요.

이 중 🦉7종이 천연기념물 제324호로 지정되어 있어요. 몇몇 종만 간단하게 소개할게요.

🦉 올빼미

전국의 평지와 산지, 숲에 사는 보기 드문 새로, 1년 내내 우리나라에 서식하는 텃새예요. 깃털이 매우 부드러워서 비행할 때 날갯짓하는 소리가 나지 않아요. 들쥐, 개구리, 작은 새, 곤충 등을 잡아먹어요.

"우우.", "우후후후후." 하고 아기처럼 울며 나무 구멍에 알을 낳아 새끼를 키워요.

🦉 수리부엉이

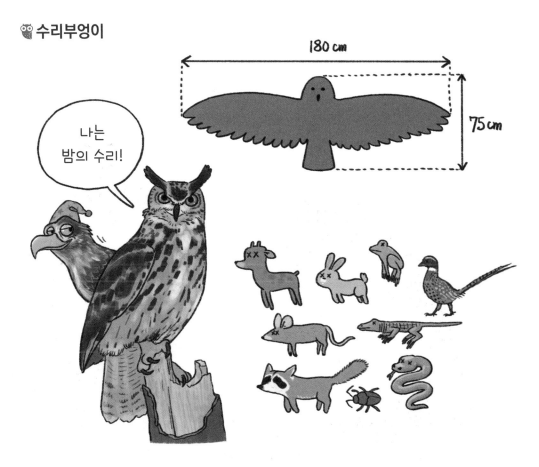

올빼미와 부엉이 무리 중에서 가장 커요. 몸길이는 약 75센티미터이며,
양옆으로 날개를 펼치면 1미터 80센티미터나 돼요. 암컷 수리부엉이는 몸
무게가 4킬로그램이나 나가기도 해요.

수리부엉이도 1년 내내 우리나라에 서식하는 텃새예요. 들쥐, 산토끼,
개구리, 뱀, 다른 새 등 다양한 먹이를 먹어요.

"호호." 하고 울며 바위틈이나 바위 턱, 나무 구멍에 알을 낳아 새끼를
키워요.

🦉솔부엉이

솔부엉이가 날아가는 모습은 매를 닮았지!

어린 매

솔부엉이

부엉이라고 부르지만, 귓깃이 없어요. 봄에 우리나라로 찾아와 번식 활동을 하는 여름새예요. 꽁지깃이 길어서 비행 능력이 뛰어나 날고 있는 곤충도 아주 잘 잡아요. 나방, 풍뎅이 등의 곤충을 주식으로 먹어요.

"호호 호호." 하고 두 번씩 규칙적으로 울며 나무 구멍에 알을 낳아 새끼를 키워요.

🦉소쩍새

50 cm

20 cm

우리나라 올빼밋과 가운데 가장 작은 종으로, 비교적 흔한 여름새예요. 곤충, 거미, 작은 새, 들쥐 등을 먹어요.

"소쩍소쩍." 하고 울어서 소쩍새라는 이름이 붙었어요. 한국에서는 예로부터 소쩍새가 '솟쩍.' 하고 울면 솥이 쩍쩍 갈라져서 금이 갈 정도로 다음 해에 흉년이 들고, '솟적다.' 하고 울면 '솥이 작으니 큰 솥을 준비하라.'는 뜻에서 다음 해에 풍년이 든다고 전해져 왔어요.

나무 구멍에 알을 낳아 새끼를 키워요.

세계의 독특한 올빼미와 부엉이

이 세상에는 많고도 많은 새가 살고 있어요. 그리고 새의 종류가 무려 약 1만 종에 달한다고 해요.

그런데 밤에 활동하는 야행성 새는 올빼미와 부엉이를 포함해 쏙독새나 키위 등 고작 3퍼센트 밖에 되지 않아요. 그중에서도 올빼미와 부엉이가 절반 이상을 차지하지요.

그런데 올빼미와 부엉이가 총 몇 종인지는 아직 정확히 확인되지 않았어요. 240종이라고 주장하는 연구자도 있고, 150종이라고 주장하는 연구자도 있지요. 그중에서 독특한 몇 종을 소개할게요.

굴파기올빼미

남북아메리카 대륙의 초원이나 사막에 살아요. 몸은 작지만, 다리가 가늘고 길어요.

굴파기올빼미의 독특한 점은 땅에 있는 굴을 둥지로 이용한다는 거예요. 굴파기올빼미라고 부르지만 사실 굴을 직접 파는 게 아니라 프레리도그 등 다른 동물이 파 놓은 굴을 사용해요. 그러니 '굴 빌리기 올빼미'라고 불러야 해요.

또 다른 특이한 점은 낮에 활동한다는 거예요. 이들은 초원에서 곤충이나 도마뱀 같은 작은 동물을 사냥해서 먹어요. 긴 다리로 빨리 달릴 수도 있고, 벌새처럼 공중에서 정지할 수 있어요.

요정올빼미(선인장올빼미)

북아메리카와 멕시코에 사는, 일명 '선인장올빼미'라고도 불리는 이 새는 세상에서 가장 작은 종이에요. 몸길이는 고작 12센티미터이지요. 참새의 몸길이가 대략 14센티미터 정도이니 얼마나 작은지 알겠지요? 몸무게도 36그램 정도밖에 안 돼요. 너무 작아서 마치 요정 같아요.

'선인장올빼미'라고 불리는 이유는 딱따구리가 선인장에 뚫어놓은 구멍을 이용하기 때문이에요. 선인장에는 가시가 있어서 미국너구리(라쿤)나 오소리 등의 천적으로부터 몸을 안전하게 지킬 수 있거든요. 선인장에 산다는 게 정말 독특하지요?

이들은 박쥐처럼 날면서 곤충을 잡아먹어요.

흰올빼미

전 세계에서 인기를 끈 《해리 포터》 시리즈 속 주인공이 기르던 새가 바로 이 올빼미예요.

북극권의 툰드라 지대에 사는 눈처럼 하얀 올빼미지요. 그냥 북극권에 머무는 흰올빼미도 있고 남쪽으로 이동하는 흰올빼미도 있어요. 1912년에 충청남도 예산군에서 흰 올빼미를 채집한 것에 대한 기록이 남아 있어요.

'흰올빼미'라는 이름을 갖고 있지만, 수컷만 온몸이 하얗고 암컷은 흑갈색의 얼룩무늬를 지녔어요. 이렇게 암수 구별이 쉬운 올빼미는 아주 드물어요.

그런데 눈이 덮인 툰드라 지대에서 하얀색 깃털은 자신의 몸을 보호하기에 유리할 텐데 어째서 암컷에게는 눈에 띄는 무늬가 있을까요?

툰드라는 너무 추워서 나무가 자라지 못해요. 그래서 다른 올빼미처럼 나무 구멍에 알을 낳을 수 없지요. 암컷은 땅 위에서 알을 낳아 품어야 해요. 그래서 땅과 비슷한 색의 얼룩이 있는 게 오히려 보호색이 된답니다.

03 밤에 활동할 수 있는 비밀

왜 밤에도 잘 볼 수 있을까?

올빼미와 부엉이는 약 1만 종의 새 가운데 뛰어난 능력을 가진 새예요. 이들은 얼음으로 덮인 툰드라 지대, 물이 거의 없는 건조한 사막 지대 등 남극을 뺀 지구의 모든 곳에 살고 있어요.

어떻게 가능한 일일까요? 그건 바로 밤에 활동할 수 있기 때문이에요.

밤에 활동할 수 있는 새는 고작 3퍼센트 밖에 없으며 그중 절반 이상이 올빼미와 부엉이예요. 즉 밤은 이들이 지배하는 시간, 먹이를 독점하는 시간이지요.

밤에 활동할 수 있는 비밀은 눈에 숨겨져 있어요. 올빼미와 부엉이의 큰 눈에 특별한 장치가 있기 때문이지요.

눈에는 크게 밝음을 느끼는 세포(간상세포)와 색을 느끼는 세포(원추세포)가 있어요. 올빼미와 부엉이는 사람보다 100배나 많은 간상세포를 가지고 있어요.

아무리 시력이 좋다고 해도 빛이 없으면 아무것도 볼 수 없지요. 그래서 부엉이의 눈에는 빛을 늘리는 장치가 있어요.

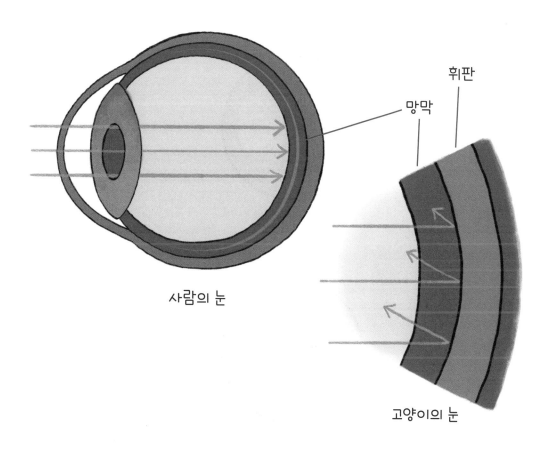

망막

휘판

사람의 눈

고양이의 눈

혹시 밤에 고양이의 눈이 반짝 빛나는 걸 본 적이 있나요? 그건 고양이의 눈에 빛을 한 번 더 반사하는 막이 있어서예요.

고양이는 '휘판'이라고 불리는 이 막으로 빛을 반사하여 두 번 빛을 느껴요. 즉 빛의 양을 두 배로 늘리는 거예요. 올빼미와 부엉이의 눈에도 이러한 막이 있어서 아주 적은 양의 빛도 늘릴 수 있지요.

그럼 올빼미와 부엉이는 낮에 눈이 부셔서 어떻게 활동하냐고요? 걱정하지 마세요. 눈으로 빛이 들어오는 양을 적게 조율할 수도 있으니까요.

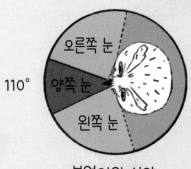

110°

오른쪽 눈

양쪽 눈

왼쪽 눈

부엉이의 시야

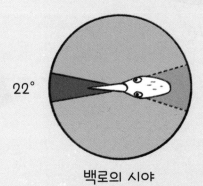

22°

백로의 시야

4.5°

맷도요의 시야

올빼미와 부엉이의 눈은 다른 새와는 달리 사람처럼 정면에 붙어 있는 게 특징이에요. 이렇게 눈이 정면에 나란히 있으면 먹잇감의 거리를 정확하게 잴 수 있어서 입체적으로 보이지요. 그래서 잽싼 들쥐나 공중을 나는 곤충도 잘 사냥할 수 있는 거예요.

그러면 다른 새들은 어째서 얼굴 양 끝에 눈이 붙어 있는 걸까요? 그건 한쪽씩 다른 눈으로 넓은 시야를 확보할 수 있기 때문이에요.

보통 새들은 주변 시야가 약 340도나 된다고 해요. 앞을 보면서 뒤까지 보는 셈이지요. 이건 적을 빨리 알아차릴 수 있는 이점이 있어요.

올빼미와 부엉이의 눈은 거리를 재는 데 정확하지만, 주변 시야가 110도 정도밖에 되지 않아 다른 새들처럼 뒤쪽까지 볼 수는 없어요.

그래서 이들이 가지고 있는 또 다른 특별한 장치가 있어요. 바로 목이에요. 인간을 비롯한 포유류의 목뼈 개수는 일곱 개이지만, 올빼미와 부엉이의 목뼈는 열네 개나 있어서 고개를 270도 좌우로 휙휙 돌릴 수 있어요.

3만 년 전에 그려진 쇼베 동굴의 수리부엉이 벽화를 다시 떠올려 봐요. 몸은 뒤쪽을 향하면서 얼굴은 앞을 보고 있던 게 기억나나요?

얼굴로 소리를 모으다

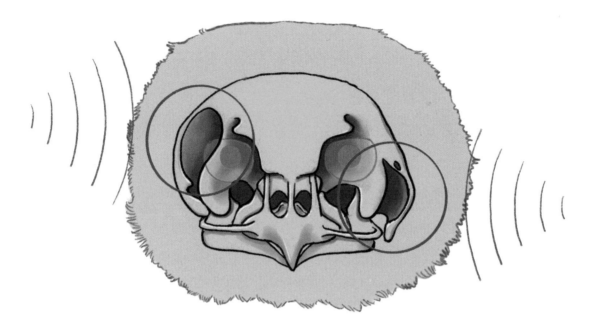

밤에도 활동할 수 있는 또 다른 비밀은 바로 귀에 있어요. 올빼미와 부엉이는 먹잇감이 낸 아주 작은 소리에도 민감하게 반응해요. 그건 이들의 귀 구조가 특별하기 때문이에요.

그림을 보면 알 수 있듯이 양쪽 귀의 위치가 좌우로 약간 어긋나 있어요. 또 귓구멍의 크기도 달라요. 금눈쇠올빼미는 좌우 귀의 높이가 6밀리미터나 차이가 나요.

그래서 각각의 귀로 들어오는 소리에는 시간의 차, 강약의 차가 생겨요. 그 차이를 이용해서 소리를 입체적으로 받아들이고 먹잇감의 위치를 정확하게 알 수 있어요.

그뿐만 아니라 얼굴로도 먹잇감의 소리를 모아요.

원숭이올빼미는 극지방, 사막, 밀림 지대를 제외한 전 세계에 서식하고 있어요. 가장 넓은 지역에 분포하는 육지 새 중 하나예요.

하트 모양의 넓적한 얼굴을 갖고 있는데, 이 넓적한 얼굴에 소리가 부딪치면 그 소리가 귀로 모이지요.

원숭이올빼미는 들쥐가 움직이는 아주 작은 소리도 놓치지 않고 날아가 사냥해요.

이 새는 빛이 하나도 없는 아주 캄캄한 어둠 속에서도 소리만으로 먹잇감을 사냥할 수 있을 만큼 청각이 아주 민감한 올빼미로 유명해요.

우리는 이 새를 원숭이올빼미라고 부르지만, 유럽에서는 농가의 외양간에 둥지를 짓고 새끼를 키워서 '외양간올빼미'라고도 불러요. 외양간에는 곡식이 저장되어 있어서 쥐가 많거든요. 쥐를 쉽게 사냥하기 위해 외양간에 둥지를 트는 것이지요. 농부들에게는 곡식을 지켜 주는 정말 고마운 친구예요.

외양간올빼미는 일생에 단 한 마리와 짝을 맺어 새끼를 함께 키우며 사는 습성이 있어요.

모든 올빼미와 부엉이의 얼굴이 넓적한 건 아니에요. 또 귀의 위치가 다 좌우로 어긋나 있지도 않고요.

솔부엉이나 소쩍새 등 몸집이 작은 새들은 곤충을 먹고, 블래키스톤물고기잡이부엉이는 물고기를 잡아먹어요.

이런 새들은 소리에 의지해서 사냥할 필요가 없어요. 그래서 귀에 특별한 장치도 없고 얼굴도 넓적하지 않아요.

깃털의 종류와 역할

머리와 몸의 깃털
하늘을 비행할 때
공기의 저항을
줄여 준다.

수리부엉이

배와 등의 깃털
몸을 비행에 적합한
유선형으로 만들어
주며, 깃털 안에
공기를 가두어 체온을
따뜻하게 해 준다.

날개 깃털
중력을 거슬러 힘차게
날아오를 힘을 만들어
낸다.

꼬리 깃털
방향을 바꾸거나
공중에서 멈출 수
있도록 해 준다.

보통 새들은 파닥파닥, 퍼덕퍼덕, 날갯짓 소리를 내며 날아가지요. 그런데 올빼미와 부엉이는 날갯짓 소리를 내지 않고 날 수 있어요. 이러한 능력을 얻게 된 것도 역시 먹이를 사냥하기 위해서예요.

민감한 귀로 소리를 듣고 먹잇감의 위치를 알아차려도 날갯짓 소리를 낸다면 먹잇감은 '앗! 적이다!' 하고 도망가 버리지요.

또 날갯짓 소리가 크면 먹잇감이 어디로 이동하는지 들을 수도 없고요.

그래서 올빼미와 부엉이는 소리가 나지 않는 특수한 깃털을 가지고 있어요.

이들의 깃털은 하나하나 폭이 넓고, 아주 부드러워요. 우리나라에 사는 올빼미 깃털도 아주 부드럽지만, 원숭이올빼미의 깃털은 특히 보들보들해요. 마치 비단을 만지는 것 같지요.

이렇게 부드러운 깃털로 하늘을 날면 공기가 깃에 부딪쳐도 부드럽게 스쳐 지나가기 때문에 날갯짓 소리가 나지 않아요.

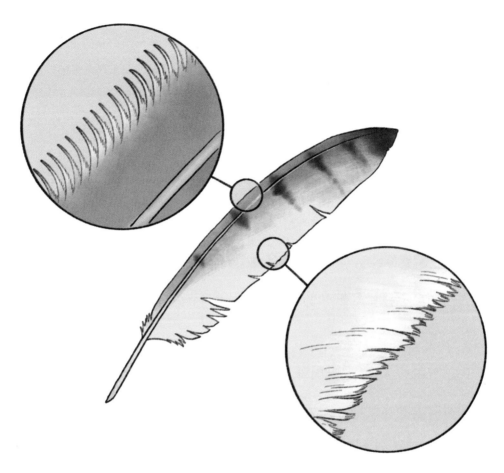

날개 뒤쪽의 가장 바깥에 있는 깃은 톱니처럼 깔쭉깔쭉한 모양이에요.
이 깃털 모양 또한 공기의 흐름을 약하게 만들어 날갯짓 소리가 나지 않도
록 해 주어요.

그런데 모든 올빼미와 부엉이가 이처럼 특별한 깃털을 가지고 있는 건
아니에요. 먹이를 사냥할 때 작은 소리를 낼 필요가 없는 올빼미와 부엉
이는 이러한 장치가 없어도 되니까요. 올빼미와 부엉이는 생활하는 방식
에 따라 아주 다양한 특징을 지녔어요.

04 마녀의 심부름꾼이 되다

중세 유럽, '불행을 가져오는 나쁜 새'

올빼미와 부엉이의 생태를 알고 나니, 이들이 왜 특별한지 알겠나요?

그런데 사람들은 시대에 따라 올빼미와 부엉이를 무서운 존재로 여기기도 했어요. 특히 중세 사회에서는 동서양 할 것 없이 '불행을 가져오는 나쁜 새'라고 믿었지요.

고대 그리스 시대, 올빼미와 부엉이는 아테나 여신의 심부름꾼이었고, 그 당시의 동전에도 금눈쇠올빼미가 그려졌다는 이야기, 기억하지요?

그 뒤 어떻게 되었을까요? 고대 그리스는 쇠퇴하고 로마 제국이 번영하게 되었어요. 로마군은 그리스의 도시 국가들을 정복하고 그리스 문화를 배제했어요.

'지혜의 신'인 아테나 여신은 로마 사람들의 여신인 '미네르바'가 되었어요. 따라서 올빼미도 마찬가지로 미네르바의 심부름꾼이 되었지요.

그렇다고 로마 사람들 모두가 올빼미와 부엉이를 그리스 사람들처럼 신성한 새로 받아들인 건 아니었어요. 로마 민중은 이전부터 올빼미와 부엉이를 '불행을 가져오는 불길한 새'라고 믿었거든요.

마녀가 올빼미나 부엉이로 변신하여 잠든 아기의 피를 빨아 먹는다고 믿었고, 밤에 이들의 울음소리가 들리면 마녀가 가까이에 있으니 누군가가 죽을 거라고 생각했지요.

마녀의 심부름꾼인 올빼미와 부엉이가 묘비 위에서 춤추는 걸 봤다는 사람도 속출했어요. 올빼미와 부엉이의 생태를 알지 못하면 그렇게 보일 수도 있지요. 먹잇감인 들쥐가 많은 묘지에서 사냥하는 모습이 마치 춤을 추는 것처럼 보인 거예요.

이후 로마 제국이 지배하던 곳곳에 기독교가 널리 퍼졌는데, 이에 따라 미네르바는 힘을 잃었고, 그 심부름꾼이었던 올빼미와 부엉이도 그 역할을 잃고 말았어요.

로마 시대의 유명한 박물학자인 플리니우스는 《박물지》라는 책에 '올빼미나 부엉이가 날아가는 걸 보면 그건 안 좋은 징조다. 뭔가 무서운 불행이 기다리고 있다는 걸 의미한다.'고 썼어요.

마녀의 심부름꾼이라는 미신은 더욱더 널리 퍼졌어요. 지금은 마녀의 대표적인 심부름꾼으로 검은 고양이를 상상하지만 과거에는 올빼미와 부엉이를 그 심부름꾼으로 여겼지요.

이렇게 중세 기독교 사회에서 올빼미와 부엉이는 '불행을 가져오는 나쁜 새'라는 인식이 만연했어요.

우리나라, '부모를 먹는 나쁜 새'

그렇다면 동양에서는 어땠을까요? 우리나라에서도 올빼미와 부엉이는 오랫동안 재앙을 가져오는 나쁜 새로 여겨졌어요.

알다시피 우리나라는 효성을 가장 중요하게 생각해 왔어요. 그래서 올빼미와 부엉이가 '부모를 먹는다.'라는 미신이 퍼진 이후, 이들은 나쁜 새로 여겨지게 되었지요.

이렇게 된 이유에는 중국 문화의 영향이 컸어요. 하지만 중국에서도 처음부터 이들을 나쁜 새로 여긴 건 아니었어요.

주(周)나라 시대(기원전 1100년경~기원전 256년) 전에는 오히려 올빼미와 부엉이가 나쁜 기운을 물리치는 힘을 가진 신성한 새라고 생각했어요. 그래서 제사를 지낼 때 올빼미나 부엉이를 본뜬 그릇을 사용했지요.

올빼미와 부엉이가 오해를 받기 시작한 건 전한(前漢) 시대(기원전 202년~기원후 8년)부터예요. 이 시대, 평판이 높은 문인인 가의(賈誼)가 <복조부(鵩鳥賦)>란 장편 서사시에 이런 글을 썼어요.

"올빼미가 내 방에 들어왔다. 이런 불길한 새가 왔다는 건 내 운명도 얼마 남지 않았다는 뜻이다."

우리나라와 일본을 비롯해 동양에 큰 영향을 준 건 명(明)나라 시대, 박물학자인 이시진이 엮은 《본초강목(本草綱目)》이라는 책이었어요. 1596년에 출간되었지요.

이 책은 약초나 약으로 삼는 동물, 벌레, 물고기, 돌 등에 대해 해설한 책인데, 올빼미와 부엉이를 나쁘게 묘사했지요. "이들은 성장하면 자기 어머니를 먹어 치우는 불효자다. 그래서 옛사람들은 하짓날에 이들을 찢여 죽였다."는 대목의 영향이 컸어요.

우리나라 이수광이 엮은 《지봉유설》에는 이 내용을 소개하면서 다음과 같이 덧붙였어요.

"한나라에서는 단오에 올빼미국을 끓여 신하에게 나누어 주었는데, 이것은 나쁜 새이기 때문에 먹어서라도 없애 치워야 하기 때문이다."

세계 각지에서도 올빼미나 부엉이를 먹었어요. 올빼미와 부엉이가 약이 된다고 믿었거든요. 인도에서는 이들의 알을 먹으면 밤에 눈이 잘 보인다고 생각했고, 영국에서는 수프로 끓여 먹으면 기침병이 낫는다고 생각했지요.

효성이 가장 아름다운 덕이라 여기는 우리나라에서는 '낳고 길러 준 은혜를 잊고 부모를 먹는다니, 이보다 더 나쁜 놈은 없다!'고 오랫동안 누명을 쓰기도 했어요. 이들의 오해가 풀리는 데에는 많은 시간이 걸렸어요.

미네르바의 올빼미(부엉이)

오늘날 올빼미와 부엉이는 '지혜의 상징', '숲의 현자' 등 똑똑한 새로 여겨지고 있지요. 앞에서 이야기한 '마녀의 심부름꾼', '재앙을 가져오는 불길한 새', '부모를 먹는 불효자'라는 오해는 거의 사라졌어요. 어떻게 오해가 풀린 걸까요? 오해가 풀린 데에는 여러 가지 까닭이 있어요.

먼저 고대 그리스 시대에 올빼미와 부엉이가 아테나 여신의 심부름꾼이었던 것처럼 이미 사람은 벌써 2,000년 전부터 올빼미와 부엉이를 머리 좋은 새, 영리한 새로 여겼었지요. 이러한 인식이 쌓인 문화적인 토대가 있었던 거예요.

또 근대에 들어서면서 과학 기술이 급속히 발달하여 중세의 미신을 부정하고 과학적으로 올빼미와 부엉이의 생태를 살피게 된 것도 그 이유 중하나예요.

나쁜 새라는 안 좋은 인식을 널리 퍼뜨린 건 당시의 학자나 문화인이 쓴 책이었어요. 그런데 반대로 좋은 새로 느껴지도록 하는 데에도 책이 큰 역할을 했어요.

헤겔

올빼미와 부엉이를 지적이고 친근하게 설명하고 표현한 책이 출간되었거든요. 근대에 올빼미와 부엉이에 대한 인식을 좋게 바꾸는 데 큰 도움을 준 책 몇 권을 소개할게요.

무엇보다 먼저 '현대 철학의 원천'이라 불리는 독일의 철학자 헤겔이 1821년에 펴낸 《법철학》을 이야기할게요.

그는 이 책의 서문에 '미네르바의 올빼미(부엉이)는 황혼에 난다.'는 아주 유명한 명문을 남겼어요.

이 말은 야행성의 이들이 저녁이 되어야 비로소 활동을 시작하듯 역사도 마지막 무렵에 와서야 비로소 진짜 의미를 알 수 있다는 뜻이에요.

철학은 인간과 세계에 대한 근본적인 원리를 연구하는 학문이고 학문 중에서도 가장 어려운 학문 중 하나예요. 그 어려운 철학서 속에 올빼미(부엉이)가, 그것도 고대 로마의 '지혜의 신'과 함께 등장했기 때문에 그 영향이 더 컸지요.

이 명문이 올빼미와 부엉이를 '지혜의 상징', '숲의 현자'로 생각하게 하는 데 아주 큰 역할을 했어요.

이 밖에도 세계적으로 사랑받는 문학 작품인 《곰돌이 푸》에도 박사처럼 똑똑한 올빼미가 등장해요. 이 작품이 끼친 긍정적인 영향도 컸지요.

이처럼 올빼미와 부엉이의 무섭고 나쁜 인식이 점점 사라지고 반대로 아테나 여신이나 미네르바 여신의 심부름꾼인 '지적인 새'라는 인식이 세계적으로 퍼진 거예요.

05 둥지 구멍의 중요성

울음소리에 담긴 메시지

나뭇잎이 파릇파릇 자라나는 5월이 되면 저는 해마다 근처의 숲을 찾아가요. 그리고 '호호 호호.' 규칙적으로 두 번씩 우는 소리가 들리면 '올해도 솔부엉이가 남쪽 나라(동남아시아)에서 찾아와 주었구나.' 하고 기뻐하지요.

이 숲에는 특이한 울음소리를 지닌 긴점박이올빼미도 살고 있어요. 이렇듯 울음소리는 어떤 종인지 구별하는 데 편리해요.

올빼미와 부엉이는 목적에 따라 다른 소리로 울어서 동료와 소통해요. 우리 귀에 익은 울음소리는 주로 올빼미와 부엉이가 번식기에 내는 소리예요. 그러면 번식기의 울음소리에는 과연 어떤 뜻이 담겨 있을까요?

대부분 큰 소리로 우는 건 수컷인데 크게 두 가지 뜻이 담겨 있답니다.

하나는 "여긴 내 영역이야!" 하고 다른 수컷에게 경고하는 것이고, 다른 하나는 "나와 결혼하자. 나 건강하고 준비된 수컷이

야. 한 번 찾아와 봐!" 하고 암컷한테 알리는

거예요.

요정올빼미는 선인장 구멍에, 굴파기올빼

미는 다른 동물이 만든 땅속에 둥지를

틀어요. 이처럼 대부분

의 올빼미와 부엉

이는 나무 구멍이나

바위틈에 둥지를 틀지

요. 때문에 더 자세히 울음소리

를 해석하자면 아래와 같은 이야기를 하고 있는 거예요.

"수컷들아, 이 구멍은 내 거니까 절대 건드리지 마!"

"암컷들아, 나 둥지 짓는 데 좋은 구멍을 마련했으니 어서 찾아와. 보고

괜찮다면 알을 낳아 줄래?"

그런데 둥지를 지을 구멍을 찾는 데는 경쟁이 아주 심해요.

올빼미와 부엉이뿐만 아니라 다른 동물도 구멍을 노리기 때문이에요.

그래서 저는 매해 솔부엉이 울음소리를 들으면 '둥지를 틀 수 있으면 좋

을 텐데……' 하고 걱정하지요.

나 준비됐어!

마음에 드는데?

긴점박이올빼미

잔점박이올빼미

금눈쇠올빼미

요정올빼미
(선인장올빼미)

수리부엉이

오! 완전
안락해.

올빼미

수리부엉이

흰올빼미

일찍 독립하는 새끼

자신만만한 수컷의 울음소리를 듣고 암컷이 찾아오면 수컷은 '절대 이 기회를 놓쳐선 안 돼.' 하고 생각하며 열심히 암컷에게 선물을 줘요.

뭘 주냐고요? 바로 맛있는 먹이예요. 우리가 이성의 마음을 얻으려고 여러 선물을 하는 것과 마찬가지이지요.

그런데 수컷이 암컷에게 먹이를 주는 목적은 우리와는 좀 달라요. 환심을 사려는 것보다 영양분을 섭취하게 해 주는 데 더 큰 목적이 있어요. 암컷이 영양분을 충분히 섭취하여 건강한 알을 많이 낳길 바라니까요.

종에 따라 알을 낳는 개수는 제각기 다르지만, 수리부엉이는 2~3개, 소쩍새는 4~5개 정도 알을 낳아요. 흰올빼미는 레밍이라는 들쥐를 즐겨 먹는데, 레밍의 수가 폭발적으로 증가한 어느 해에 한 흰올빼미가 무려 11개의 알을 낳았다는 기록이 있어요.

둥지 구멍에서 암컷이 알을 낳아 품으면 수컷은 암컷에게 열심히 먹이를 가져다주어요.

새끼가 어느 정도 자라면 암컷도 직접 사냥하여 새끼에게 먹이를 물어다 주지요. 먹이를 듬뿍 받아먹은 새끼는 쑥쑥 자라요.

새의 새끼가 자라 둥지에서 떠나는 것을 '이소'라고 하는데, 보통 새끼 새들은 둥지 안에서 충분히 나는 연습을 한 뒤, 안전하게 날 수 있을 때 비로소 둥지를 떠나요.

그런데 올빼미와 부엉이의 새끼는 안전히 날 수 있게 되기 전에 둥지를 떠나요. 스스로 움직일 수 있게 되면 날기도 전에 둥지를 떠나 제각기 흩어져 나무에 앉지요.

왜 그런 걸까요? 이들은 둥지에 모여 있으면 한꺼번에 천적에게 습격받아 죽을 위험이 있다는 걸 잘 알고 있기 때문이에요. 그러니 조금 이르더라도 빨리 흩어져야 안전하다는 걸 아는 거예요. 정말 똑똑하지요?

하지만 둥지에서 일찍 떠난 새끼들은 아직 날 수 없어서 먹이를 스스로 얻을 수 없어요. 그래서 어미 새가 먹이를 가져다주는 걸 기다려요.

아직 날 수 없는 시기에 일찍 둥지를 떠나기 때문에 새끼들이 땅에 떨어지는 경우가 종종 일어나요. 나이팅게일의 벗이었던 금눈쇠올빼미 '아테나'도 그래서 둥지 구멍에서 떨어진 거였고요.

몇 년 전, 저는 경상남도 창녕군에 있는 '람사르 협약'에 등록된 습지인 우포늪에서 소쩍새를 취재한 적이 있어요. 그곳에서 만난 환경 지킴이가 말하길, 소쩍새 역시 새끼들이 자주 둥지 구멍이나 나뭇가지에서 떨어져 여러 번 구해 주었다고 해요.

만약 새끼가 둥지에서 떨어져도 부리와 발톱을 이용해 스스로 나무 위에 올라가니 너무 걱정하지 않아도 돼요. 또 주변에 어미 새도 있을 테고요.

　그래도 위험하다고 생각되면 제가 만난 환경 지킴이처럼 새끼 새를 나뭇가지에 살짝 얹어 주면 돼요.

여기 있어. 곧 엄마가 올 거야.

깃털 색이 튀지 않는 이유

다 자라서 완전히 독립한 새끼는 사냥에도 점점 능숙해져요.

올빼미와 부엉이의 발가락 역시 다른 새들과 달리 특수해요. 누구나 한 번쯤 새를 그려 본 적이 있을 거예요. 그때 발가락을 몇 개로 그렸나요?

부엉이

위에 그려진 부엉이의 발을 잘 살펴보세요.

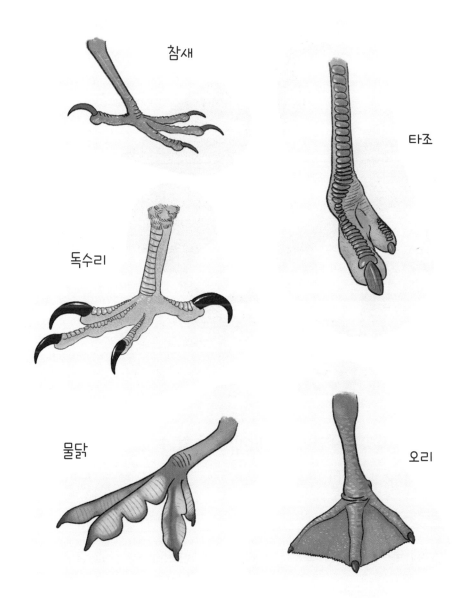

참새

타조

독수리

물닭

오리

보통 새의 발가락은 세 개는 앞을 향해 있고, 한 개는 뒤를 향해 있어요. 그런데 모든 종의 올빼미와 부엉이의 발가락은 두 개가 앞을 향해 있고 두 개가 뒤를 향해 있어요.

　올빼미와 부엉이는 먹이를 단단하게 꽉 쥘 수 있어야 해요. 왜냐하면 종류에 따라 다르지만, 수리부엉이의 경우 산토끼나 꿩 등 몸집이 비교적 큰 동물도 사냥하거든요.

　앞뒤에 두 개씩 있는 발가락은 물체를 단단하게 쥐는 데 좋아요. 또 발톱이 날카롭기 때문에 한번 잡은 먹잇감을 안 놓쳐요.

　밤 사냥에 성공해 먹이를 배불리 먹었다면 낮에는 푹 자야 되지요. 어디서 자야 안전할까요? 바로 우거진 숲의 나뭇가지나 바위틈 등 눈에 안 띄는 곳이에요. 왜 이들의 깃털 색이 화려하지 않은지 감이 오나요?

올빼미와 부엉이는 밤의 세계에서는 승리자이며 지배자이지만, 낮의 세계에서는 천적에게 먹히는 먹잇감이지요. 이들을 노리는 매와 까마귀, 담비, 삵, 오소리 때문에 안심할 수 없어요.

만약 올빼미와 부엉이가 눈에 잘 띄는 아름다운 깃털을 지녔다면 천적에게 잘 발각되어 매번 잡아먹혔을 거예요. 그래서 이들은 주변 환경에 잘 어울리는, 튀지 않고 수수한 깃털을 가지고 있어요.

혹시 제가 머리글에서 난생처음 야생 수리부엉이를 보고 "와, 수리부엉이의 깃털 색이 왜 자연과 어우러지는지 잘 알 것 같아요!" 하고 감탄했던 것 기억하나요?

제가 발견한 수리부엉이는 바위틈에 알을 품은 암컷을 지키기 위해 망을 보고 있었어요. 그런데 조류 연구가가 알려 주지 않았다면 발견하지 못했을 만큼 깃털 색이 바위와 아주 잘 어울렸지요.

어때요? 올빼미와 부엉이의 한살이를 아주 간단하게 이야기했는데, 이들에게 있어서 왜 자연과 어울리는 깃털 색이 필요한지, 몸을 숨기는 일이 얼마나 중요한지 잘 알았지요?

06 올빼미와 부엉이를 부탁해!

나무 구멍이 줄어들고 있어

물참나무, 느티나무, 은행나무, 벚나무 등의 늙은 나무 안에는 텅 빈 구멍이 있어요. 제가 매해 관찰하는 솔부엉이는 푸조나무 구멍을 선호해서 그곳에 둥지를 틀어요. 우포늪에서 본 소쩍새의 둥지는 느티나무 구멍에 있었고요.

대부분의 올빼미와 부엉이가 나무 구멍에 알을 낳아 새끼를 키운다고 거듭 이야기했지요? 그런데 나무 구멍을 둥지나 보금자리로 이용하는 건 이들뿐만이 아니에요.

큰 나무 밑동에 난 커다란 구멍은 반달가슴곰이 겨울잠을 자는 데 이용해요. 나무 위쪽에 있는 구멍은 담비, 청설모, 다람쥐, 하늘다람쥐 등이 새끼를 낳고 기르는 보금자리로 이용하지요.

박새, 찌르레기, 참

새, 원앙, 파랑새, 오색딱따구리 등의 다른 새들도 나무 구멍에 둥지를 틀어요.

하늘소, 풍뎅이, 사슴벌레 등의 곤충도 작은 나무 구멍에서 생활하지요.

이처럼 나무 구멍은 많은 생물에게 없어서는 안 될 중요한 곳이에요.

옛날에는 큰 나무가 많이 있었기 때문에 동물들이 보금자리를 찾는 데 어려움이 없었지요. 하지만 지금은 무분별한 개발로 인해 큰 나무는 거의 잘리고 나무가 무성했던 산도 사라졌어요.

그런데 간신히 남아 있는 큰 나무도 오래 유지하고자 한다는 이유로 구멍을 우레탄수지로 메워요. 심지어는 구멍이 있는 나무는 바람에 의해 쉽게 꺾여 위험하다며 잘라 버려요. 슬프지만 이것이 오늘날의 현실이에요.

무조건 나무 구멍을 없애지 말아야 한다는 이야기가 아니에요.

하지만 올빼미와 부엉이를 비롯한 많은 생물이 나무 구멍을 보금자리로 사용하고 있다는 사실을 기억해야 해요. 그들의 입장도 헤아려야 한다는 뜻이지요. 함께 사는 곳이니까요.

솔부엉이는 둥지를 짓기 위해 나무 구멍을 열심히 찾다가 못 찾으면 할 수 없이 다른 새가 쓰다가 버린 둥지를 이용해요. 당연히 새끼는 더 위험한 상황에 처하게 되고요.

박새

오색딱따구리

청설모

참새

다람쥐

담비

농장을 구하는 올빼미

이들과 함께 더불어 살자면 우린 어떻게 해야 될까요?

이 문제를 해결하는 데 실마리가 될 수 있는 원숭이올빼미 이야기를 해 줄게요. 이 올빼미는 세상에서 가장 넓은 지역에 분포하여 서식하는 육지 새 중 하나예요. 동남아시아에도 살지요.

첫 번째 이야기는 인도네시아에서 사람들이 원숭이올빼미와 공생한 이 야기예요. 세계에서 네 번째로 인구의 수가 많은 동남아시아의 한 나라 로, '팜유'라고 불리는 식용 기름을 세계에서 제일 많이 생산하고 있어요.

하지만 팜유 농장에 큰 나무를 없앤 탓에 들쥐의 천적이 사라져 들쥐가 불어나 말썽을 부렸지요. 그래서 사람들은 원숭이올빼미의 도움을 받기 로 했어요.

농장에 '둥지 상자'를 걸어 둔 거예요. 그러자 원숭이올빼미는 나무 구 멍 대신 그곳에 알을 낳아 새끼를 키웠어요.

그렇게 늘어난 원숭이올빼미는 팜유 농장의 들쥐를 잡아먹어 주었어 요. 농장 사람들은 쥐가 줄어들어 아주 기뻐했지요.

두 번째 이야기는 영국에서 사람들이 원숭이올빼미와 공생한 이야기예요. 원숭이올빼미는 유럽에서 외양간에 살기 때문에 '외양간올빼미'라고 불린다고 했던 것, 기억하나요?

옛날에는 외양간의 들쥐를 잡아 주는 고마운 존재였어요. 그래서 농부들은 '날개를 가진 고양이'라고 부르며 사이좋게 지냈어요.

사람들은 외양간 높은 곳에 원숭이올빼미가 자유롭게 드나들 수 있도록 '올빼미 창문'을 만들었어요. 이 올빼미는 텃새라 한 번 자리를 잡으면 몇 세대에 걸쳐 계속 그 외양간에서 생활했지요.

그런데 농업이 현대화, 기계화되면서 원숭이올빼미가 둥지를 지을 수 있는 외양간이 줄어들었어요. 또 사람들이 쥐를 죽이기 위해 독을 사용하기 시작했고, 독을 먹고 죽은 쥐를 원숭이올빼미가 먹고 죽고 말았지요. 또 들쥐와 두더지를 사냥하려고 낮게 날다가 자동차와 부딪쳐 죽기도 했고요. 그래서 원숭이올빼미가 급격히 줄어들었어요.

사람들은 원숭이올빼미를 보호하고 이들과 더불어 살기 위해 운동을 벌였어요. 우선 둥지를 틀 수 있는 외양간을 부수지 않았고, 외양간에 '올빼미 창문'도 만들어 주었어요. 또 둥지 상자를 적극적으로 걸어 두었지요.

더불어 살자면?

앞의 이야기를 통해 올빼미, 부엉이와 더불어 살기 위해서는 무엇이 필요한지 알았나요?

맞아요. 우선은 이들이 알을 낳아 새끼를 키우는 데 꼭 필요한 나무 구멍이나 바위틈을 확보해 주어야 해요.

거기서 큰 역할을 하는 게 바로 '둥지 상자'예요. 이른바 '인공 나무 구

멍'이지요.

흔히 상자를 '새집'이라고 부르지만, 모든 새가 이 상자를 이용하는 건
아니에요. 나무 구멍에 알을 낳아 새끼를 키우는 새들만 이용하지요.

몇 년 전의 일이에요. 제가 매해 솔부엉이를 관찰하던 작은 숲의 나무
들이 태풍 때문에 꺾이고 말았어요. 숲 지킴이에게 연락을 받고 찾아갔더
니 솔부엉이가 매해 둥지를 틀었던 그 푸조나무도 쓰러져 있었지요.

"50년 동안 이 숲을 관리했지만 이런 일은 처음입니다. 원래 숲으로 되돌아가는 데 아마도 100년은 걸릴 겁니다."

숲 지킴이가 기운 없이 이야기했던 게 아직도 생각나요.

그래서 숲에 나무가 다시 자라는 동안 응급 처치로 둥지 상자를 설치하기로 했답니다.

더불어 살기 위해 해야 할 일 중 또 다른 하나는 이들에게 충분한 먹이를 마련해 주는 거예요. 이들의 먹잇감 또한 줄어들고 있어요. 우리가 건강한 자연을 되찾아 주어야 이들과 더불어 살 수 있지요.

이 모든 건 아주 어려운 일이 아니에요. 이들이 의외로 우리 가까이에 살고 있다고 여러 번 이야기했지요?

작은 숲의 나무를 지키는 것, 농경지에 농약이 뿌려지는 걸 막는 것 등의 작은 행동만으로도 이들의 먹이와 살터를 지켜 주는 데 큰 도움이 돼요. 농약은 많은 새의 먹이를 줄이니까요.

어때요? 이 책을 읽으니 올빼미와 부엉이를 꼭 만나 보고 싶지 않나요? 이들은 우리 가까이에 살고 있어요. 그러니까 관심만 가지고 있다면 언젠가 꼭 만날 수 있을 거예요!

참고 자료

- 『우리가 정말 알아야 할 우리 새소리 백가지』이우신 / 현암사 / 2004
- 『한국의 새』이우신 등저 / LG상록재단 / 2011
- 『33가지 동물로 본 우리문화의 상징 세계』김종대 / 다른세상 / 2001
- 『올빼미와 부엉이 그 약사, 문화, 생태 フクロウ その歷史・文化・生態』/ Desmond Morris / 白水社 / 2011
- 『올빼미와 부엉이의 문화지 フクロウの文化誌』飯野徹雄 / 中公新書 / 1991
- 『가르쳐 줘, 올빼미와 부엉이의 비밀 おしえて フクロウのひみつ』柴田佳秀 / 子どもの未来社 / 2019
- 『올빼미와 부엉이의 대연구 フクロウの大研究』国松俊英 / PHP / 2006

퀴즈와
단어 풀이

올빼미와 부엉이 관련 상식 퀴즈

올빼미와 부엉이 관련 단어 풀이

올빼미와 부엉이 관련 상식 퀴즈

01. 나이팅게일의 오랜 벗인 아테나는 금색 눈을 가진 .... 올빼미예요.

02. 그리스 파르테논 신전에는 아테나 여신이 '농업의 신'이었다는 걸 증명하는 조각이 남아 있어요. (○, ×)

03. 아테나 여신의 심부름꾼은 까마귀예요. (○, ×)

04. 쇼베 동굴 벽화에 그려진 부엉이는 바로 .... 부엉이예요.

05. 올빼미와 부엉이는 생김새의 차이가 확연해서 한눈에 바로 구별할 수 있어요. (○, ×)

06. 올빼미와 부엉이는 의외로 우리 주변의 초원, 농경지, 골프장 등에도 나타나요. (○, ×)

07. 우리나라에서 확인된 올빼미와 부엉이는 모두 .... 종이에요.

08. 수리부엉이는 1년 내내 우리나라에 서식하는 .... 예요.

09. 올빼미와 부엉이 중 가장 큰 종은 요정올빼미예요. (○, ×)

10. 대부분의 올빼미와 부엉이는 바위틈과 나무 구멍에 알을 낳아요. (○, ×)

11. 솔부엉이는 부엉이라고 부르지만, 머리에 .... 이 없어요.

12. "솟쩍.", "솟쩍다." 하고 울며 다음 해의 흉년과 풍년을 전하는 새는 .... 예요.

13. 굴파기 올빼미는 직접 땅에 굴을 파서 둥지를 틀어요. (○, ×)

14. 북아메리카와 멕시코에 사는 요정올빼미는 .... 에 있는 구멍에 둥지를 틀어요.

15. 《해리 포터》에 등장해 인기를 끈 흰올빼미는 암수의 무늬가 달라 구별하

기 아주 쉬워요. (○, ×)

16. 부엉이가 밤에도 잘 사냥할 수 있는 이유는 사람보다 ＿＿＿＿＿＿ 배나 많은 간상세포(빛을 느끼는 세포)가 있기 때문이에요.

17. 올빼미와 부엉이는 목의 뼈가 ＿＿＿＿＿＿ 개나 있어서 고개를 270도나 돌릴 수 있어요.

18. 금눈쇠올빼미는 좌우 귀의 높이가 6밀리미터나 차이가 나요. (○, ×)

19. 비행할 때 방향을 바꾸거나 공중에서 멈출 수 있게 하는 깃털은 바로 꼬리 깃털이에요. (○, ×)

20. 올빼미와 부엉이는 시대가 달라도 늘 똑똑하고 현명하다는 인식을 가지고 있었어요. (○, ×)

21. 수컷 솔부엉이는 번식기인 5월에 큰 소리로 우는데 그 이유는 바로 같은 수컷에게 자기 영역을 알리기 위함이며, 또 암컷을 불러들여 짝짓기하기 위해서예요. (○, ×)

22. 새의 새끼가 자라 둥지에서 떠나는 것을 ＿＿＿＿＿＿ 라고 해요.

23. 부엉이의 발가락은 앞에 ＿＿＿＿＿ 개, 뒤에 ＿＿＿＿＿ 개가 있어요.

24. 인도네시아의 팜유 공장과 영국의 외양간에는 ＿＿＿＿＿ 를 설치하여 원숭이올빼미와 사람들이 공생하였어요.

25. 올빼미, 부엉이와 더불어 살기 위해서는 이들을 포획하여 집에서 먹이를 주며 기르는 거예요. (○, ×)

정답
01 금눈쇠   02 ○   03 ×   04 수리   05 ×   06 ○   07 11   08 텃새   09 ×
10 ○   11 귀깃   12 소쩍새   13 ×   14 선인장   15 ○   16 100   17 14   18 ○
19 ○   20 ×   21 ○   22 이소   23 2,2   24 둥지 상자   25 ×

올빼미와 부엉이 관련 단어 풀이

공생: 서로 돕고 도움받으며 함께 살아가는 삶.

꽁지깃: 새의 꽁무니에 붙은 깃털.

농경지: 농사를 짓는 데 쓰이는 땅.

도시 국가: 고대나 중세 시대 때, 그 도시 자체가 국가를 이루던 곳.

둥지: 새를 포함한 동물이 알을 낳고 새끼를 기르며 잠을 자기도 하는 곳.

람사르 협약: 국제적으로 중요한 습지를 보호하기 위해 맺은 국제 조약.

박제: 죽은 동물의 가죽을 벗겨 썩지 않도록 조치하여 살아 있을 때의 모양을 유지하는 것.

번영: 점차 발전되고 성대해짐.

보호색: 천적으로부터 몸을 지키기 위해 주변 환경과 비슷하게 지닌 몸의 색깔.

분포: 일정한 범위에 퍼져 있음.

서식: 동식물 등이 일정한 곳에 자리를 잡고 사는 것.

쇠퇴하다: 기세나 상태가 전보다 못함.

숭상하다: 그 대상을 높여 소중히 여기고, 떠받드는 것.

습성: 같은 동물종 안에서 공통되는 생활이나 행동 양식.

시야: 눈으로 볼 수 있는 범위.

야행성: 낮에는 잠을 자거나 쉬고 밤에 활동하는 동물의 습성.

여름새: 봄에서 초여름에 남쪽에서 날아와 번식하고 가을에 다시 남쪽으로 날아가는 철새.

영역: 동물이 활동하는 일정한 범위.

외양간: 말이나 소를 기르는 곳.

저항: 어떠한 힘에 굽히지 않고 맞서는 힘.

주식: 주로 먹는 음식.

중력: 물체가 지구로부터 받는 힘.

천연기념물: 법으로 보호되어야 하는 희귀하고 가치 있는 생물.

천적: 먹고 먹히는 관계에서 어떤 동물을 공격해 먹이로 삼는 동물을 일컬음.

철새: 철에 따라 이리저리 옮겨 다니며 서식하는 새.

텃새: 철새와 반대로 철과 관계없이 어떠한 지역에서 일 년 동안 서식하는 새.

풍작: 수확한 농작물이 평균 수확량보다 훨씬 많은 일.

하짓날: 양력 6월 21일경으로 북반구에서는 낮이 가장 길고 밤이 가장 짧음.

현자: 어질고 총명한 이를 지칭하는 말.

황혼: 해가 지고 어스름해질 때.